Ángeles Predicciones 2024

Rubi Astrólogas

Introducción

Los Ángeles son seres de luz, su misión es ayudarnos a evolucionar y resguardarnos de los peligros.

Algunas veces estamos tan hundidos en una vida con tanto estrés, que nos olvidamos de que estamos acompañados por seres de luz, que están esperando que les pidamos ayuda. Cuando somos conscientes de su presencia y decidimos disfrutar del regalo que supone tenerlos en nuestras vidas, nuestro mundo se llena de magia.

Este Horóscopo de los Ángeles 2024 tiene muchos mensajes espirituales para ti. Si te sientes perdido, o si te preguntas cuál es tu misión este año 2024, aquí puedes encontrar las respuestas. Si compruste este libro es porque el universo está tratando de decirte qué hacer y a dónde ir. Todo lo que necesitas es descubrir los mensajes ocultos que los Ángeles te han enviado dentro de este libro.

Los Ángeles han existido a lo largo de miles de años, en diferentes culturas y civilizaciones. Ellos tienen poderes especiales y han contribuido a la evolución humana, los cambios y el desarrollo de nuestra sociedad. Los Ángeles de la Guarda estarán presentes en tu vida durante el 2024 para protegerte, fortalecer tus conexiones con el mundo espiritual, y para regalarte muchos milagros.

Números Angelicales y sus Significados

Estamos evolucionando espiritualmente, y cada día las secuencias numéricas están vistas por más personas. Estos mensajes que provienen de una fuente Superior, es decir de nuestros Ángeles o guías espirituales, tienen el propósito de guiarte.

Los Ángeles quieren llamar nuestra atención y comunicarse con nosotros a través de estos números en secuencia. Esta es la forma en que ellos nos ayudan a sanar nuestras vidas. Desafortunadamente algunos ignoran estas señales pensando que son coincidencias, cuando en realidad es sincronía.

Tus Ángeles te envían mensajes a través de secuencias de números, ellos pueden muy sutilmente susurrar en tu oído para que mires a un lugar específico y puedas notar la hora en el reloj, o el número en un anuncio. Ellos te muestran secuencias numéricas significativas de forma física, colocando un coche frente a ti cuando estas parado en el medio del tráfico y que tiene una matrícula específica.

Cuando notes que una secuencia numérica se repite, pregúntales a los Ángeles qué están tratando de decirte, y encontrarás que ellos te darán la información que necesitas. Observa tus pensamientos celosamente, y asegúrate de pensar sólo en lo que quieres, no en lo que no deseas.

Los números en secuencia tiene un significado específico, estos números tienen mensajes en tres dimensiones, y nos orientan en nuestras vidas.

Cuando aprendas a interpretar estos números te sentirás más conectado con los Ángeles, y esta conexión es la llave que te abrirá la puerta a la paz, esperanza y amor.

Cada número tiene vibraciones que se relacionan directamente con sus significados y los Ángeles llaman nuestra atención con estas secuencias de números porque ellos sienten devoción, y amor por nosotros. Cuando notes una secuencia numérica, trata de escuchar que desea tu Ángel que hagas o sepas.

Cuanto más veas estas señales, con más frecuencia aparecerán en tu vida. Cuando entiendas los significados de estos números y aceptes que no son coincidencias, sino mensajes importantes, con un propósito, aprenderás a tener comunicación con tus Ángeles.

Estas secuencias de números pueden ser fechas de nacimiento, aniversarios, números de teléfono o chapas de los carros, y son un recordatorio sutil de que algo mágico está sucediendo en tu vida. De ti depende ir hacia adentro, escuchar tu intuición y averiguar lo que los mensajes te están diciendo y que significan para ti.

Cómo Leer los Números Angelicales

Los números nos rodean en nuestra vida diaria, y cuando reconocemos e interpretamos estas secuencias numéricas podemos sentirnos más conectados con nuestros Ángeles. Esta conexión nos permite crear una poderosa conexión con el reino angelical.

La interpretación de estas secuencias numéricas es una forma efectiva de recibir los mensajes y de tus

Ángeles guardianes y guías espirituales. Debes siempre utilizar tus habilidades intuitivas.

Números de Ángeles Importantes en el 2024

111: *Debes adoptar un enfoque menos apasionado de la vida y contar tus bendiciones.*

222: *Debes mantenerte fiel a tus creencias espirituales.*

333: *Aprende a expresar tus sentimientos.*

444: *Estás en una encrucijada y tienes que abrazar la espiritualidad.*

555: *Te espera una evolución personal o un cambio físico.*

666: *Estás atrapado en tu pasado y necesitas dejarlo ir para poder triunfar.*

777: *Tus Ángeles quieren aplaudirte, elogiarte y darte ánimo para que sigas como vas.*

888: *El universo apoya tu camino y quiere que tengas muchos éxitos.*

808: *Tus Ángeles quieren que explores nuevos talentos y te abres a las oportunidades.*

818: *Supera tus límites, eres más fuerte de lo que crees.*

999: *Estás a punto de comenzar un nuevo capítulo en tu vida.*

1155: *Utiliza tu libertad personal para convertirte en una mejor persona.*

1221: *Sé optimista y sigue adelante. Te esperan grandes triunfos.*

1144: *Si quieres algo, se valiente y persigue tus sueños.*

Ver tu fecha de cumpleaños con frecuencia

Cuando ves los números de tu fecha de nacimiento con mucha frecuencia, indica que debes enfocarte en buscar tu propósito en la vida, y la misión de tu alma. Ver tu fecha de cumpleaños te recuerda por qué naciste y tu razón para estar en el planeta Tierra en este época.

El Orden de los Números dentro de una Secuencia Numérica

El orden de los números en una secuencia tiene su significado. Si ves que hay tres dígitos en una secuencia, el número del medio es el foco principal, ya que representa la clave del mensaje,

Cada número debes analizarlo independientemente, después debes sumar todos los dígitos hasta que se reducen a uno solo.

Ejemplo*: una secuencia numérica de 172 puede interpretarse de diferentes formas. El número 7 tiene que ser interpretado primero. Después cada número individualmente 1, 7 y luego el 2. La totalidad del número 172 debes sumarla y reducirla a un solo dígito 1 + 7 + 2 = 10 (1 + 0 = 1). Esto hace que el número 1 tenga el mensaje más relevante en esta secuencia numérica. Recuerda siempre utilizar tu intuición y tu para descifrar el mensaje, no importa que no entiendas el mensaje desde el punto de vista humano, tu mente subconsciente entiende.*

Secuencia Numérica. Repetición del 0

El número 0 está relacionado con la meditación. El punto de partida, la totalidad, y los ciclos continuos. 0 es el Alfa y el Omega.

El número 0 encierra los atributos de todos los números. Alfa es el principio y Omega el fin. Todos los números con el 0 te acercan a la energía universal.

El número 0, si se repite, su mensaje se relaciona con aspectos espirituales, ya que 0 representa el comienzo de un viaje espiritual y las incertidumbres que pueden acontecer. Cuando el 0 se repite, te pide que escuches tu intuición, ahí es donde encontrarás todas las respuestas.

La secuencia 00 *se relaciona con la meditación. El Universo está enfatizando que prestes atención.*

La secuencia 000 *quiere que te asegures que tus pensamientos, y deseos sean de naturaleza positiva, ya que esto es lo que atraerás a tu vida.*

La secuencia 0000 *indica que una situación o problema ha llegado a su fin.*

Cuando se combina con otro número el potencial del número 0 se magnifica y estimula las energías y vibraciones del número con el que se está combinando.

Secuencia Numérica. Repetición del 1

El número 1 tiene las vibraciones de los nuevos comienzos, de individualidad, éxito, fuerza y creatividad.

El número 1, es el número donde comienza toda manifestación. Es la energía que inicia todas las acciones y es el número de nuevos proyectos, coraje, y el deseo de expansión en todos los niveles.

Todos los número son divisibles por 1. Todos somos uno, por ende, todos estamos conectados. Cuando el Número del Ángel 1 aparece es un mensaje para que analices tus pensamientos y te concentres en tus deseos con una mentalidad positiva.

El Número del Ángel 1 nos habla de cambios y nuevas acciones que requerirán determinación para que el objetivo pueda ser alcanzado. Significa que una puerta energética se ha abierto, y esto rápidamente manifestará tus pensamientos en la realidad. Debes elegir tus pensamientos asegurándote que coincidan con tus deseos. No te enfoques en los miedos ya que los puedes manifestar en tu vida.

El número 11 es un número maestro, y se relaciona con la misión de nuestra alma. La esencia del mensaje de esta secuencia numérica es desarrollar tu intuición, y facultades metafísicas. El número 11 representa el principio de tu iluminación espiritual. Si el número 11 aparece repetidamente, tus Ángeles te están pidiendo que prestes atención a tus pensamientos e ideas repetitivas.

Cuando aparece la **secuencia numérica 111**, debes monitorear tus pensamientos cuidadosamente y asegurarte de pensar sólo en lo que realmente quieres.

La secuencia de 1111 se les aparece a muchas personas y es una señal de que hay una oportunidad que se abre para ti, y tus pensamientos se están manifestando a la velocidad de la luz. El 1111 significa que el Universo acaba de tomar una foto *instantánea de tus pensamientos y está manifestando tus ideas en forma material.*

Secuencia Numérica. Repetición del 2

El número 2 está relacionado con las energías de la paz, diplomacia, justicia, altruismo, y armonía.

El número 2 es la vibración del equilibrio, la intuición y la emoción. Es el número de tolerancia, y se lo ves con frecuencia significa que debes tener fe, confianza y coraje mientras tus pedidos se manifiestan. La paciencia es necesaria, pero todo saldrá bien.

La esencia del número maestro 22 es el potencial de dominar todas las áreas: espiritual, física, emocional y mental. El número 22 tiene que ver con el equilibrio, y las nuevas oportunidades.

Cuando el Número del Ángel 22 repite en tu vida, te pide que tengas una postura equilibrada, y pacífica en todas las áreas de tu vida. El mensaje es mantener tu fe.

*El mensaje del **Número del Ángel 222** es que todo saldrá bien a largo plazo, por eso no debes poner tus energías en cosas negativas.*

***La secuencia numérica 2222** indica debes seguir manteniendo tus pensamientos positivos afirmando positivamente y visualizando. Las recompensas están en camino.*

Secuencia Numérica. Repetición del 3

***El número 3** se relaciona a vibraciones y energías de libertad, inspiración, creatividad, crecimiento, inteligencia, y sensibilidad.*

El número 3 significa que una efusión de energía está en acción y representa la abundancia en los niveles físico, emocional, mental, financiero y espiritual.

*Cuando el **Número del Ángel 3** aparece con mucha frecuencia significa que los Maestros Ascendidos están cerca de ti. Ellos han respondido tus oraciones y desean ayudarte a la misión de tu alma.*

***El número 33** es un Número Maestro y su mensaje es que todo es posible. Si por casualidad estás* *considerando un cambio importante en tu vida, el Número 33 dice que, si su propósito y tus intenciones son de naturaleza positiva, tus deseos se manifestarán.*

La secuencia numérica 333 *te envía un mensaje de que debes tener fe en la humanidad. Los Maestros Ascendidos están trabajando en todos los niveles, y ellos te protegen. Ellos te guiarán en tu camino.*

La secuencia numérica del 3333 *indica que los Maestros Ascendidos y los Ángeles están cerca de ti en ese momento, ellos son conscientes de tu situación y saben cuál es la mejor forma de hacer las cosas. Ellos te ayudarán.*

Secuencia Numérica. Repetición del 4

El número 4 *se relaciona con energías de trabajo duro, practicidad, productividad, y lealtad.*

El número 4 *representa los cuatro elementos: Aire, Fuego, Agua y Tierra, y los cuatro puntos cardinales: Norte, Sur, Este y Oeste. Simboliza el principio de poner las ideas en forma y cuando aparece consistentemente indica que tus Ángeles* están a tu alrededor. Los Ángeles te ofrecen apoyo y fuerza para que puedas realizar el trabajo necesario. Ellos entienden que estás trabajando para alcanzar tus metas y te ayudarán.

La secuencia numérica 44 indica que los Ángeles te están apoyándote y que tienes una conexión fuerte y con el reino angelical.

El mensaje de la secuencia del **Número Angelical 444** es que no tienes nada que temer porque todo es como debe ser, y todo está super bien. Las cosas con las que has estado trabajando tendrán éxito. La repetición del 444 indica de que estás rodeado por Ángeles que te apoyan.

La secuencia numérica angelical 4444 indica que estás rodeado de Ángeles que te están cuidando y apoyando en tu vida diaria. Ellos te animan a seguir trabajando para alcanzar tus metas. El 4444 es un mensaje de que la ayuda que necesitas está cerca.

Secuencia Numérica. Repetición del 5

El número 5 se relaciona con atributos de libertad personal, el individualismo, los cambios en la vida, y las lecciones de vida aprendidas.

*Cuando el **Número del Ángel 5** aparece, indica que hay cambios en tu vida que se aproximan pero que serán para bien. Las energías se están acumulando para forzar cambios que son necesarios, estos cambios llegarán inesperadamente, pero te traerán oportunidades positivas que te empujarán en la dirección correcta.*

La secuencia numérica del 55 es un mensaje de tus Ángeles de que es el momento de liberarte de las restricciones que te han detenido en el pasado. Es hora de vivir. El Número 55 te anuncia que se avecinan grandes cambios, si no es que ya están a tu alrededor.

La secuencia numérica 555 indica que te esperan cambios monumentales en tu vida. El Número 555 te dice que esas transformaciones significativas están aquí y que tienes la oportunidad de descubrir la asombrosa vida que mereces como ser espiritual.

La secuencia numérica del 5555 *es un mensaje que tu vida está a punto de pasar por cambios importantes,*

Secuencia Numérica. Repetición del 6
El número 6 *simboliza integridad, paz, altruismo, y crecimiento.*

Cuando el Número del Ángel 6 aparece repetidamente nos habla de nuestra habilidad de usar el intelecto para lograr resultados positivos. Cuando el número 6 aparece tus Ángeles te están diciendo que equilibres tus pensamientos, que te liberes de dudas o preocupaciones sobre asuntos financieros.

El Número del Ángel 66 *es un mensaje para que confíes en el Universo y en tus Ángeles, ya que tus deseos con respecto a tu familia, y vida social se cumplirán. La repetición del número 66 te dice que mantengas tus pensamientos enfocados en alcanzar tus metas.*

La secuencia numérica del 666 *indica que es hora de concentrarte en tu espiritualidad para poder* *sanar cualquier problema en tu vida. él. El número 666 te pide que seas receptivo para recibir y aceptar la ayuda que necesitas. El número del Ángel 666 también puede indicar que tus pensamientos están fuera de balance.*

La secuencia de numérica 6666 *una indica que tus pensamientos están fuera de balance, y que estás enfocado en los aspectos materiales de la vida. Las energías de la prosperidad están siendo desviadas y tu ansiedad es una barrera.*

El Número del Ángel 6666 *te pide que equilibres tus pensamientos entre lo espiritual y lo material, que mantengas la fe y que confíes porque tus necesidades materiales y emocionales serán satisfechas.*

Secuencia Numérica. Repetición del 7

El número 7 se relaciona con energías de la espiritualidad, sabiduría, y la sabiduría interior.

El número 7 es un número místico que simboliza la profunda necesidad interna de la humanidad de conexión espiritual.

El Número del Ángel 7 indica que estás en el camino correcto y que encontrarás que las cosas fluirán libremente hacia ti. Tu trabajo es mantener tu entusiasmo.

La repetición del 7 habla de un tiempo beneficioso tener éxito y autocontrol, e indica que tus ambiciones pueden ser realizadas y los desafíos superados.

La secuencia numérica del 77 significa que estás en el camino correcto. y las recompensas están llegando a tu camino. Debes mantenerte firme.

El Número del Ángel 777 te notifica que es hora de cosechar las recompensas de tu trabajo y esfuerzos. Tus deseos se harán realidad. El Número de Ángel 777 es una señal positiva.

La secuencia del 7777 es un mensaje de tus Ángeles que estás en el camino correcto y tus sueños y deseos se están manifestando en tú vida. Es un signo extremadamente positivo y significa que hay más milagros en el camino para ti

Secuencia Numérica. Repetición del 8

El número 8 se relaciona con energías de riqueza, dinero, poder, negocios, inversión, independencia, paz y amor por la humanidad.

El Número del Ángel 8 indica que la abundancia financiera está en camino a tu vida. Siendo el número del karma, el 8 sugiere que recibirás recompensas.

La repetición del número 88 *es un mensaje para que mantengas tus finanzas controladas, y sugiere que tu trabajo será justamente recompensado.*

La secuencia numérica del 888 *indica que el propósito de tu vida está apoyado por el Universo. El Universo es generoso y desea recompensarte, por eso la prosperidad financiera llegará tu vida. También puede indicar que estás terminando una fase en tu vida.*

La secuencia numérica 8888 *indica que hay luz al final del túnel y es un mensaje para que disfrutes de los frutos de tu trabajo.*

Secuencia Numérica. Repetición del 9

El número 9 se relaciona con las vibraciones de la inteligencia, compasión, y la intuición.

Cuando el Número Angelical 9 aparece, es un mensaje de que el propósito de tu vida y la misión de tu alma es dar servicio a través de tus talentos, y pasiones. indica que se termina una fase o relación en tu vida. **La secuencia numérica del 99** es un mensaje para que te acuerdes de vivir una vida positiva y exitosa en todos los niveles.

El número 999 indica que el mundo necesita que utilices tus talentos, eres un trabajadores de la Luz y los Ángeles te piden que vivas a la altura de tu potencial.

La secuencia numérica 9999 es un mensaje para las personas que son embajadores de la luz en el planeta tierra para que mantengan su luz brillante.

Arcángel para tu Signo Zodiacal

Cada signo zodiacal tiene un Arcángel mentor que lo supervisa.

Cuando llega el momento de reencarnar, seleccionamos el signo zodiacal más adecuado para aprender las lecciones de vida que nos aportarán más experiencias para nuestra evolución.

Los Arcángeles nos ayudan a escoger el signo del zodiaco para así poder cumplir los propósitos de nuestra alma.

Aries. Arcángel Chamuel

El Arcángel Chamuel significa "aquel que ve a Dios", se relaciona con las iniciativas y la pasión, dos cualidades super fuertes en las personas del signo Aries. Este signo es incansable y no se detiene hasta obtener su metas.

El Arcángel Chamuel le confiere a Aries poder de decisión y entusiasmo para cumplir sus objetivos.

Este Arcángel es también conocido como Samael, Chamuel o Camuel, y es el Ángel de la armonía, confianza, el poder, y la diversidad.

Este Arcángel le entrega al signo Aries una personalidad asertiva y confiable.

Aries es un signo extrovertido, impetuoso y entusiasta a la hora de asumir desafíos. Son impacientes y se molestan con mucha facilidad, pero no son rencorosos.

Al Arcángel Chamuel le pertenece el Rayo Dorado, el planeta Marte, y el día martes.

El mensaje del Arcángel Chamuel para Aries es:

Solamente la energía del amor dentro de un propósito le da valor y beneficio duradero.

El cuarzo rosado se relaciona con las energías sanadoras del Arcángel Chamuel, y los puede utilizar para sanarte emocionalmente invocando su nombre, o su presencia, porque él se especializa en la curación emocional.

El Arcángel Chamuel supervisa a todos los Ángeles del Amor. Ellos le dan a Aries, cuando lo pide, compasión y amor. Chamuel te puede ayudar con tus relaciones, específicamente si tienes conflictos, complicaciones emocionales, o rupturas. El Arcángel Chamuel te puede ayudar a encontrar tu alma o llama gemela y en todas las circunstancias que demandan una comunicación espontánea.

Chamuel puede ayudarte a construir estructuras sólidas y saludables, mejora tus habilidades para amar, para que tengas la capacidad de dar y recibir amor completamente sin condiciones.

Chamuel disuelve los sentimientos de autoestima baja, te ayuda a encontrar tu propósito y misión de tu alma.

El Arcángel Chamuel representa la fortaleza para enfrentar y superar desafíos en nuestras vidas. Si no sabes lo que quieres, Chamuel te trasladará entornos que te traerán la paz, ayudándote a alejar las tensiones y el estrés. El Arcángel Chamuel es el protector de las personas débiles y de los humillados.

Como el Arcángel Chamuel ve en todas las direcciones del tiempo, es decir tridimensionalmente, puede ayudarte a encontrar cosas que se te han perdido.

Invoca al Arcángel Chamuel si te sientes triste, él te ayudará a sanar, aliviará tu dolor y tu incapacidad de perdonar

Para invocar o evocar ayuda para sanar emocionalmente con el Arcángel Chamuel debes encender velas rosadas, o poner rosas de color rosado pidas sanación.

Todos los Arcángeles tienen un lugar exclusivo en el plano etérico de la Tierra y tú puedes sus santuarios a través de la meditación o en tus sueños. El templo etérico del Arcángel Chamuel es en St. Louis, Missouri, Estados Unidos.

Tauro. Arcángel Haniel

El Arcángel Haniel rige el signo de Tauro, se refiere a las características de entereza, confianza y pragmatismo. El nombre del Arcángel Haniel significa 'gracia de Dios' y es el Ángel de la intelectualidad.

Haniel se relaciona con el planeta Venus, y el día viernes.

Tauro es un signo que ama la comodidad material, disfruta el lujo, y los bienes con calidad. Son prósperos en muchas áreas, pero sobre todo en las finanzas.

Tauro es un signo muy controlador que debe aprender a tener paciencia. Poseen una inclinación natural hacia la estabilidad, pero deben ser cuidadosos de no caer en la trampa del materialismo.

El Arcángel Haniel es también conocido como Anael, Anafiel, y Daniel. Sus colores son el naranja y blanco.

Este Arcángel se relaciona con el Rayo blanco y el naranja.

Haniel tiene una energía que nos motiva a buscar la sabiduría espiritual, al ser también el Ángel de la Comunicación Celestial trabaja con energías de grupales y oradores. Es un Arcángel relacionado con la Luna por eso se conecta con nosotros mediante visualizaciones y sueños recurrentes. El Arcángel Haniel ayuda a transmutar las vibraciones y energías oscuras y ofrece protección. Esta con nosotros en los nuevos comienzos cuando suceden etapas de transiciones en nuestras vidas.

Este Arcángel aporta inspiración a nuestras vidas, enseña lecciones y supervisa la curación espiritual, y los diferentes tipos de religiones. El Arcángel Haniel recupera los secretos perdidos, armoniza las relaciones, y aporta belleza en todo. Haniel sana la envidia, la ira y los celos.

El Arcángel Haniel te proporciona información sobre tu profesión, y relaciones. Te asiste en tu viaje espiritual y te impulsa buscar el propósito de tu vida. Te impulsa a mirar dentro de ti y encontrar tu verdad personal porque de esta forma puedes defenderte.

El Arcángel Haniel te ayuda a vivir en el presente, ver la realidad y reconocer tus talentos, y capacidades.

El Arcángel Haniel te recuerda que es tu responsabilidad estar saludable mental y físicamente. Este Arcángel se relaciona con la sanación a través de los cuarzos y aceites esenciales, por eso supervisa a los médicos homeópatas. Este poderoso

Arcángel posee el poder de transformar la tristeza en felicidad.

Este Arcángel trabaja con los desequilibrios de los campo energético y aporta sanación a nivel emocional, espiritual y físico.

Este es un Arcángel guerrero que nos ayuda a cumplir el propósito de nuestra alma, nos guía a través de revelaciones, visiones, y sincronías angelicales.

Cuando te sientas confundido o con depresión invoca al Arcángel Haniel para que te regale el don de la perseverancia.

Géminis. Arcángel Rafael

Géminis está protegido por el Arcángel Rafael, por eso este signo zodiacal es tan adaptable y sociable.

Rafael es uno de los principales Ángeles sanación y guía a los sanadores.

El Arcángel Rafael rige el planeta Mercurio y el día miércoles.

Las personas del signo Géminis son muy inteligentes, herramienta más valiosa es su mente. Géminis es muy versátil y esta actitud drena sus energías llevándolo en ocasiones al agotamiento nervioso y la ansiedad. Las personas del signo Géminis tienen una sed insaciable de aprendizaje y sus mentes son muy curiosas.

El Arcángel Rafael está relacionado al Rayo verde. Los poderes curativos de Rafael están enfocados a la disolución de los bloqueos transmutándolos en amor.

El Arcángel Rafael es conocido por ser el jefe de los Ángeles Guardianes y es el patrón de la medicina, por eso también se le llama Arcángel del Conocimiento.

Rafael es también el santo patrón de los viajeros y asiste en la curación espiritual y física no solo de los humanos, sino también de los animales.

Este Arcángel Rafael puede ayudarte a desarrollar tu intuición y mejorar tu visualización creativa. Te pone en contacto con tu espiritualidad personal y te permite encontrar sanación en la naturaleza. La esmeralda es el cuarzo sanador relacionado con el Arcángel Rafael

El Arcángel Rafael trabaja en tu subconsciente para que puedas liberarte del miedo y la oscuridad. El equipo de los Ángeles de la Sanación lo dirige el Arcángel Rafael, estas energías del Arcángel Rafael y de su Ángeles de sanación pueden ser invocadas en hospitales y en circunstancias donde hay un enfermo que no se sabe que enfermedad padece.

El Arcángel Rafael enfoca sus energías curativas hacia la disolución de los bloqueos en los chacras, que causan enfermedad y ayuda a eliminar las adicciones.

Rafael sana las heridas de las vidas pasadas, borrando todo los karmas familiares heredados.

Puedes llamar al Arcángel Rafael cada vez que tú, otra persona tenga una enfermedad física, él intervendrá directamente y guiará para efectuar la sanación.

El Arcángel Rafael te recuerda que es a través del perdón que ocurre la sanación, y está estrechamente conectado con los sanadores de la luz. Rafael garantiza que todo lo necesario aparezca para facilitar una sanación exitosa.

Llama al Arcángel Rafael para que te proteja y guíe, él te ayudará a limpiar tus energías y a enfocarte. Para invocar el poder de sanación del Arcángel Rafael, enciende velas verdes o amarillas y recibirás resultados instantáneos.

El Arcángel Rafael no es restringido por las limitaciones del tiempo y el espacio, siendo capaz de estar simultáneamente con todos los que invocan su presencia. El viene a tu lado en el instante en que pidas ayuda.

Cáncer – Arcángel Gabriel

El Arcángel Gabriel protege al signo de Cáncer. Rige el día lunes.

Cáncer son supervisados es un signo muy empático y sensible. Ellos lucen apacible, pero son activos. La familia es lo más importante para Cáncer.

El Arcángel Gabriel lo conocen por ser el Ángel de la Resurrección, es el Ángel de la armonía, y la alegría. El anunció el nacimiento de Jesucristo y se comunicó con Juana de Arco.

El Arcángel Gabriel te enseña a buscar ayuda angelical a través de la meditación y los sueños y se encarga de la humanidad en su conjunto.

Gabriel es el Arcángel de la mente, puedes llamarlo cuando tengas desafíos mentales, para que te ayude a tomar decisiones.

El Arcángel Gabriel es el protector de las emociones, y la creatividad. Cuando luchamos contra el abuso, adicciones, familias disfuncionales, y para tener amor es a el Arcángel Gabriel al que debemos invocar.

El Arcángel Gabriel te ofrece espiritualidad, y eleva tu espíritu. Él te alerta para que estes consciente de las energías que te rodean.

Gabriel conoce tu propósito y misión de tu alma, su misión es ayudarte a entender cuáles son las obligaciones de tu contrato en esta encarnación.

El Arcángel Gabriel aumenta la creatividad, el optimismo, trasmuta los miedos y te da motivación. Gabriel limpia y eleva tus vibraciones, te guía en tu vida y te ayuda a vivir fielmente, honrando tus talentos y habilidades.

Gabriel te recuerda que cada cual contribuye al desarrollo de la humanidad, siendo quién es. Él quiere que estés firme en tus convicciones.

Este Arcángel te ayudará a conocer la verdad en situaciones de conflicto, te dará más intuición y perspicacia.

El Arcángel Gabriel es un Ángel de conocimientos, tiene conexión con líderes espirituales, y nos instruye sobre cuáles son nuestros talentos y te muestra los símbolos de la misión de tu alma para que seas capaz de atraer conexiones y oportunidades perfectas.

Invoca al Arcángel Gabriel para que limpie y purifique tu cuerpo y tu mente de pensamientos negativos. Recurre a él para que obtengas ayuda con todas las formas de comunicación, incluyendo la habilidad de hablar y, hacer nuevos amistades.

Leo – Arcángel Miguel

Miguel Arcángel es el jefe de los ejércitos celestiales y protege al signo de Leo. Su nombre significa el que es como Dios y es símbolo de la justicia. Se considera el más grandioso de todos los Arcángeles.

El Arcángel Miguel trabaja con el Rayo Azul y rige el día domingo. Miguel ayuda con la comunicación y es conocido como el Príncipe de los Arcángeles.

Leo es un signo que tiene excelentes habilidades organizativas, y siempre están dispuestos a luchar para triunfar. Son competitivos y leales con sus seres queridos.

El Arcángel Miguel te ayuda a ser consciente de tus pensamientos y sentimientos, y te anima a actuar. Miguel te ofrece protección, confianza en ti mismo, fuerza y amor incondicional.

El Arcángel Miguel tiene el encargo de liberarnos del miedo, la negatividad, los dramas, y la intimidación. Este Arcángel se encarga de desmantelar todos las estructuras disfuncionales, tales como los sistemas de gobierno y organizaciones financieras corruptos.

Miguel es el protector de toda la humanidad, lo puedes llamar para que te fortalezca para cambiar de dirección, y encontrar tu propósito. Llama a Michael si sientes falta de motivación.

Este Arcángel trabaja por la cooperación y armonía con los demás, y se especializa en remover los implantes energéticos, y cortando los lazos que nos paralizan.

Miguel nos ayuda a defender nuestras verdades sin comprometer nuestros principios, trae paz y cuando estamos listos para desechar los viejos conceptos y creencias, el Arcángel Miguel nos apoya con el cortando los lazos que nos atan negativamente y nos impiden desarrollar nuestro potencial.

El Arcángel Miguel guía los que se sienten atascados en su profesión y ayuda a descubrir la luz que hay dentro de nosotros dándonos coraje cuando nos enfrentamos a situaciones difíciles.

Pídele al Arcángel Miguel que corte los cordones energéticos que te unen a situaciones, personas toxicas, patrones de conductas y emociones nocivas.

Las personas que se conectan con el Arcángel Miguel son poderosas, fuertes, y empáticos. Invoca al Arcángel Miguel para que proteja tu hogar y tu familia, el siempre viene cuando necesitamos fuerza para vencer un conflicto desafiante.

Puedes visitar sus templos durante la meditación, o el sueño, en el reino etérico sobre las Rocosas Canadienses.

Virgo – Arcángel Rafael

El Arcángel Rafael protege el signo de Virgo, y rige el día miércoles. Es uno de los principales Ángeles de la sanación, y le ofrece sus atributos de eficiencia y mentalidad analítica al sexto signo del zodiacal.

Virgo siempre está atento a los detalles, porque le gusta examinar todas las opciones antes de tomar una decisión. Algunas veces son tímidos y no les gusta llamar la atención.

El Arcángel Rafael rige el Rayo #4, el rayo verde, y es conocido como el jefe de los Ángeles Guardianes. Ayuda a desarrollar la intuición y nos ayuda a abrir nuestros corazones a los poderes curativos del Universo.

Rafael te pone en contacto con tu espiritualidad y te permite encontrar sanación en las Energías universales. Es conocido como el médico del reino angelical ya que tiene la capacidad de dirigir sus poderes curativos hacia la disolución de bloqueos negativos, y enfermedades.

Rafael puede ser llamado para sanarnos a nosotros mismos, y para sanar a los demás. Rafael ayuda a sanar las relaciones sentimentales y eliminar las adicciones. Apoya a los trabajadores de la luz y

y nos guía para que hagamos cambios positivos en la vida.

Para invocarlo enciende velas verdes. Puedes visitar sus templos durante la meditación o el sueño en el plano etérico que está sobre Fátima, Portugal.

Libra – Arcángel Haniel

Libra es un signo protegido por el Arcángel Haniel, rige el planeta Venus, y el día viernes.

Libra es un signo imparcial que siempre busca el equilibrio entre el alma, la mente y el espíritu. Son diplomáticos, estables y equilibrados. La diplomacia es su característica más sobresaliente ya que pueden ver ambos lados de un conflicto, pero se paralizan un poco al ahora de tomar decisiones.

El significado del Arcángel Haniel es gloria de Dios, y se conecta con nosotros a través de los sueños. Nos ofrece protección, y armonía. Haniel nos ayuda en los cambios positivos, los nuevos comienzos, y fomenta el equilibrio en las transiciones.

Haniel rige la paz, aporta inspiración y ayuda a sanar la envidia, y los celos.

El Arcángel Haniel nos motiva a vivir en el momento presente y a ver la realidad dentro de nosotros mismos. Nos anima a cuidarnos y nos recuerda que somos responsables de estar sanos mental y espiritualmente. Tiene el poder de transformar la tristeza en felicidad y nos anima a respetar nuestros propios ritmos naturales.

Invoca al Arcángel Haniel para encontrar el equilibrio, hacer realidad tus intenciones y liberar energías y negativas. Él te ayudar a mantener la calma durante eventos importantes reforzando tu confianza. Haniel potencia los dones espirituales y las habilidades psíquicas y nos recuerda que somos seres divinos. Es un Ángel guerrero, recurre a él cuando necesites apoyo espiritual o cuando te sientas débil emocionalmente, él te dará determinación, y la energía para que confíes en tu intuición.

Escorpión – Arcángel Chamuel y Azrael

Escorpión, está protegido por los Arcángeles Azrael y Chamuel. Azrael es un Ángel que rige el planeta Plutón y Chamuel rige el planeta Marte y el día martes.

A los que están bajo la influencia de Escorpión se les dan personalidades poderosas e intensas.

Escorpión tiene una personalidad paranoica y obsesionada con lo que sucede en sus vidas. Se aferran firmemente a lo que es suyo y se niegan a ceder sin luchar.

El nombre del Arcángel Azrael significa a quien Dios ayuda, rige el Rayo #2 que contiene vibraciones de amor y sabiduría. Azrael es frecuentemente llamado como el Ángel de la Muerte y ese nombre nos recuerda que la muerte es transformación.

El propósito del Arcángel Azrael es ayudar a los que están en transición de la vida física a la vida espiritual. El posee mucha compasión y sabiduría y tiene energías curativas universales, para los que están afligidos por la pérdida de un ser querido.

El Arcángel Azrael consuela a las personas antes de su muerte física y se asegura de que no sufran durante su muerte, rodea a los familiares y amigos afligidos con energías sanadoras.

Invoca al Arcángel Azrael para que consuele a un ser querido y transmita mensajes de amor a el reino espiritual. Azrael puede ayudarte a pasar por las etapas del dolor con aceptación.

Azrael ayuda a crear espacio en nuestras vidas para que nuevas energías lleguen.

Sagitario – Arcángel Zadkiel

Sagitario está protegido por el Arcángel Zadkiel, quien trabaja con el Rayo Violeta, rige el planeta Júpiter, y el día jueves.

Sagitario es optimista y por naturaleza intuitivo, pero algunas veces cruzan los límites de la realidad.

El nombre de Zadkiel significa la justicia de Dios, pero también está relacionado con la oscuridad, la inercia. Nos ayuda a descubrir los aspectos divinos dentro de nosotros y a desarrollar habilidades que nos sirvan en los propósitos de nuestra vida.

Zadkiel es el Arcángel de la libertad, y el perdón, ayuda al despertar espiritual, otorga bendiciones y te regala discernimiento. Utiliza la Llama Violeta para invocar al Arcángel Zadkiel, te ayudará a meditar, y desarrollar tu intuición. Zadkiel puede ser invocado para traer el perdón a los demás. El dirige a los Ángeles de la Misericordia y te puede ayudar ser tolerante y diplomático.

Las energías sanadoras del Arcángel Zadkiel y sus Ángeles de la alegría siempre te ayudarán a transformar los recuerdos del pasado, romper las limitaciones, borrar bloqueos energéticos, y deshacerte de adicciones. Zadkiel te anima a amar, y perdonar sin miedo y te recuerda que debes amarte a ti mismo, y a los demás, incondicionalmente.

El Arcángel Zadkiel es la fuente energética detrás de la pobreza y la riqueza y de todas sus manifestaciones, por lo que se asocia con la suerte y el azar. Zadkiel, te recuerda que la buena y la mala suerte son ganadas por cada persona individuo, y él valora la fortuna en consecuencia.

El Arcángel Zadkiel es responsable de los comienzos y finales de las cosas, puede ser llamado para poner fin a una situación dolorosa. El Arcángel Zadkiel nos ayuda a encontrar el valor interior para hacer lo correcto por nosotros mismos, y por los demás.

Para conectarte con el Arcángel Zadkiel usa Velas de color violeta, o cuarzos amatista. El Arcángel Zadkiel está asociado con el Maestro Ascendido Saint Germain, y protege a los místicos,

El Arcángel Zadkiel y la Santa Amatista tienen su retiro etérico, llamado el Templo de la Purificación sobre las isla de Cuba.

Zadkiel cura las heridas emocionales y los recuerdos dolorosos, aumenta tu autoestima y te ayuda a desarrollar tus talentos y destrezas naturales.

Si deseas más tolerancia en situaciones conflictivas, recurre al Arcángel Zadkiel, el transmutará todo lo oscuro y elevará tu vibración.

Capricornio – Arcángel Uriel

Capricornio está protegido por el Arcángel Uriel. Este Arcángel significa Fuego de Dios, rige el Rayo Rojo, y está asociado con la luz, los relámpagos y los truenos.

Uriel es capaz de mostrarnos cómo podemos sanar nuestras vidas, nos ayuda a entender el concepto del karma, y a entender por qué las cosas son como son. Uriel se relaciona con la magia divina, la resolución de problemas, la comprensión espiritual, y nos ayuda a realizar nuestro potencial.

Uriel debes invocarlo cuando estes trabajando con temas relacionados a la economía y la política.

También puedes invocarlo para obtener una mayor intuición.

Uriel te ayuda a liberar tus miedos y abre loa canales para la comunicación divina, promueve la paz, ayuda a liberar nuestros patrones de comportamiento obsesivos y trae soluciones prácticas.

Uriel puede ser llamado para trabajos intelectuales, y para reconocer la luz dentro de nosotros.

El Arcángel Uriel tienen su retiro etérico en las Montañas de los Tatras en Polonia, y puedes pedir ser llevado allí para que tus temores sean sanados.

Acuario – Arcángel Uriel

Acuario está protegido por el Arcángel Uriel, aportándole a este signo carácter humanitario.

Uriel trabaja con el Rayo Rubí, y rige el planeta Urano.

Acuario es independiente, y progresista. El Arcángel Uriel ayuda con la resolución de problemas y la búsqueda de soluciones, y es uno de los Arcángeles más poderosos.

Uriel ayuda a liberar bloqueos de energía en el cuerpo, y como es conocido como el Ángel de la Salvación, es capaz de mostrarnos cómo podemos sanar nuestras vidas, encontrando bendiciones en la adversidad, convirtiendo las derrotas en victorias y liberando cargas dolorosas.

Uriel es el Ángel de la transformación, la creatividad, y el orden divino, rige a los misioneros, y es el guardián de los escritores. Es el intérprete de las profecías, y de nuestros sueños. Él nos impulsa a tomar responsabilidad por nuestras vidas, y trae energías transformadoras a nuestra mente.

El Arcángel Uriel es invocado para obtener claridad e intuición. Él trabaja para desarrollar en nosotros las cualidades de misericordia y compasión. Ofrece protección, enseña el servicio desinteresado y promueve la cooperación.

El Arcángel Uriel despeja viejos miedos y los reemplaza con sabiduría, propicia la iluminación vital para aquellos que sienten que han perdido su *camino y que tienen emociones relacionadas al abandono, y el suicidio.*

El Arcángel Uriel trabaja para erradicar el miedo y restaurar las esperanzas, y siempre trata de proteger el bienestar de las personas que son incapaces de ejercer su libre albedrio.

Llama al Arcángel Uriel para que te ayude a desarrollar todo tu potencial, y te proteja de la envidia.

Puedes pedir visitar sus templos durante tus sesiones de meditación o en sueños. El Arcángel Uriel tiene su retiro etérico en las Montañas de los Tatras en Polonia.

Piscis – Arcángel Azrael y Zadkiel

El signo Piscis es protegido y supervisado por el Arcángel Azrael y el Arcángel Zadkiel.

El Arcángel Azrael rige el planeta Neptuno y el Arcángel Zadkiel rige el planeta Júpiter y el día jueves. Zadkiel trabaja en el Rayo Violeta.

Piscis tiende a ser idealistas, y sensibles, les encanta estar enamorados. Cada aspecto de la vida debe tener algo de romance.

El Arcángel Zadkiel es el guardián de la Llama Violeta, la cual tiene una frecuencia vibratoria super alta.

El Arcángel Zadkiel es conocido como el Ángel de la Comprensión y la Compasión y está relacionado con la oscuridad, la contemplación y la nutrición.

Zadkiel tiene la misión de ayudarte con el despertar espiritual, otorga bendiciones que son diseñadas a través de la fe para incrementar el entendimiento.

Utilizando la Llama Violeta, el Arcángel Zadkiel te ayuda a meditar, y aumenta tus habilidades psíquicas. Zadkiel ayuda a abrir nuestras mentes y nos da protección psíquica.

Zadkiel alienta la tolerancia, y ayuda a las personas a amarse a sí mismas y nos conecta con la misión de nuestra alma.

El Arcángel Zadkiel nos trae curación a nuestras heridas emocionales, nos libera y motiva a las personas a mostrar misericordia por los demás.

Trabajar con Zadkiel aumenta tu autoestima y te ayuda a recordar y desarrollar tus talentos, habilidades y destrezas naturales. Llama a Zadkiel si necesitas ayuda para recordar detalles y hechos específicos.

Llama al Arcángel Zadkiel para que te ayude a sanar y trascender tus emociones negativas, y para que mejores tus funciones mentales.

El Arcángel Zadkiel es la energía detrás de la pobreza y la riqueza, y de todas sus manifestaciones, por lo que se relaciona con el azar. Zadkiel imparte justicia sin prejuicios, pero es misericordioso con quienes se lo merecen, él es responsable de los comienzos y finales, y puedes llamarlo cuando quieras finalizar una circunstancia caótica.

El Arcángel Zadkiel es capaz de romper las energías bloqueadas o estancadas causadas por la ira, y la culpa.

Zadkiel y la Santa Amatista tienen su santuario etérico, sobre la isla de Cuba.

Ángel protector de tu Signo Zodiacal

Muchas veces nos sentimos solos, sin protección física y emocional. Realmente, aunque no lo puedas ver, tu Ángel de la guarda o guías espirituales se encuentran siempre contigo, desde el día que naciste, protegiéndote. Invoca el nombre de tu Ángel en los momentos donde sientas que necesitas ayuda o consejos, elige poner tu vida en su manos y ellos te llevarán por el mejor camino.

Aries. Ángel Anauel

Este Ángel le confiera al signo Aries una salud indestructible y protección contra las fuerzas oscuras del mal, entre ellas la envidia. Aries tiene una personalidad inflexible, se desesperan y enfadan muy rápido, pero su compasión y susceptibilidad le abre todas las puertas. Este Ángel de la guarda también es conocido como Haniel, o Ariel. Es el Ángel de la creatividad y la sensualidad. Dispone del éxito en las parejas, el amor e impide los sufrimientos del corazón.

Tauro. Ángel Uriel

Uriel siempre acudirá a tu vida cuando lo necesites para presentarte a un examen, estudios médicos, y cuando tiene problemas de separación. Uriel siempre protegerá tu espíritu, e iluminará tu mente para que puedas tomar las decisiones correctas.

Géminis. Ángel Eyael

Eyael siempre te protegerá de las adversidades y te librará de las injusticias, en especial en el lugar donde trabajas. Este Ángel es muy especial de él, él sabe con quién te conviene relacionarte, es decir te hará rodearte de personas influyente que te ayudarán a triunfar. Este Ángel te anima a mirar siempre el lado positivo de las cosas, y fomenta tus sentimientos de generosidad y los deseos de ayudar a los demás.

Cáncer. Ángel Rochel

Rochel *dota al signo Cáncer de una excelente visión para detectar los peligros, tambіén de creatividad y talentos para descubrir los secretos ocultos. El destruirá todos tus miedos y tus enemigos. pídele que te de claridad, sagacidad y astucia.*

Leo. Ángel Nelkhael

Nelkhael *alejara de ti la tristeza y la baja autoestima. Te cuidará de las personas que te calumnian por envidia, y te ayudará a mantener tus compromisos y a asumir tus responsabilidades. Los problemas de tu vida cotidiana serán más fáciles de sobrellevar bajo su influencia. Nelkhael te ofrece su apoyo en tus momentos más oscuros y tristes.*

Virgo. Ángel Melahel

Melahel *cuando lo invocas alejará la violencia de tu vida y tu entorno. Este Ángel proporcionará una energía que hará retroceder a tus enemigos o te hará invisible. También se relaciona con la armonía y la sanación. Te aportará las formas para conectarte con el universo y disfrutar de los secretos de la naturaleza.*

Libra. Ángel Yerathel

Yerathel *le ofrece al signo de Libra mucha inteligencia y perspicacia para poder detectar a sus enemigos. Este Ángel te proporciona lucidez y capacidad reflexiva, características que te permitirán rodearte de las personas adecuadas. Yerathel te da las armas de la justicia y te permite ser sabio y tolerante. Al invocar a Yerathel, alcanzarás el éxito.*

Escorpión. Ángel Azrael

Azrael, conocido como el Arcángel de la muerte, te rescatará de las injusticias y al mismo tiempo renovará tus imagen y esperanzas. Te recuerda que el universo te ama, él te guiará por el camino del amor, la ternura y la armonía en el hogar. Si deseas conocer a la pareja adecuada para crear una relación duradera y formar una familia, invoca es Ángel.

Sagitario. Ángel Umabel

Umabel repele la envidia de tus relaciones, y los sentimientos que te puedan dañar como la ira, los celos, y el odio. te da la elocuencia necesaria para una expresión tranquila y distinta. Él te da el arte de la persuasión. Sabes cómo inclinar la balanza a tu favor, mejora tus habilidades de comunicación para sepas cómo explicar las cosas importantes. Te ayuda a tomar las decisiones correctas, en el momento adecuado.

Capricornio. Ángel Sitael

Sitael, construye escudos a tu alrededor, organiza tu vida, y si no sabes qué camino tomar piensa en él y al momento te enfocarás. Si deseas mejorar tu situación económica, curarte de una enfermedad, o mudarte, cambiar invoca este Ángel y espera el milagro.

Acuario. Ángel Gabriel

Gabriel, luchará día a día, para que tu puedas librar tus batallas. Si quieres ayuda porque hay personas que quieren hacerte daño o ponerte en peligro, pídele protección a este Ángel. Si tienes miedo de que alguien cometa una injusticia contra ti al invocar este Ángel con seguridad neutralizarás a ti enemigo.

Piscis. Ángel Daniel

Daniel siempre te mantendrá a salvo de las enfermedades y los dolores físicos, siempre saldrás airoso de todos los contratiempos y accidentes que se presente en tu camino.

Cartas Angelicales para cada Signo Zodiacal 2024

Aries. Carta Angelical Zadquiel

Zadquiel es el Ángel de la misericordia, simboliza el altruismo y el desinterés personal a favor de los demás. Zadquiel te ayudará a ser una persona compasiva. Te ayudará a encontrar objetos perdidos, mejorará tu memoria y te ayudará a sanar física, emocional y mentalmente. Zadquiel te apoyará mientras aprendes a perdonarte a ti mismo y a los demás, a recordar información importante y a estudiar. Si quieres dejar atrás algún prejuicio invoca a el Arcángel Zadquiel porque una de sus tareas principales es ayudarte a ver tu luz interior.

Dejarás de ver tus errores como aspectos negativos de tu vida y comenzarás a verlos como una forma de aprender. También verás tus defectos como bendiciones en tu vida, porque la perfección es imposible de lograr y hasta en el caos hay belleza.

Buscarás formas de concentrarte para convertirte en tu mejor versión, en la mejor persona que puedas imaginar. El Arcángel Zadquiel es un ser superior que puedes invocar cuando sientes frustración, tristeza o negatividad. Sus ejércitos pueden ayudarte a encontrar el lado positivo de todas las situaciones y hacerte sentir mejor emocionalmente.

Es hora de dejar de lado cualquier culpa a la que te aferres con respecto a los errores que puedas haber cometido en el pasado. Date crédito por haber hecho todo lo posible, incluso si los resultados no *fueron los que te hubiera gustado. Concéntrate en los cambios que has hecho y que te han convertido en una mejor persona.*

Uriel, *el Ángel de las llaves te avisa de que debes emprender nuevos caminos y tener cuidado con las malas influencias. Si estás empezando a dudar de ti, o perdiendo la fe, esta carta te recuerda que todo es posible a través del aprendizaje. Los conocimientos pueden abrir todas las puetas, y las nuevas habilidades pueden abrir todas las cerraduras. La*

llama del conocimiento nunca muere y está a tu alcance.

Uriel nunca te guiará por un camino incierto sin motivos. Él está ahí para apoyarte a lo largo de tu viaje, permitiéndote decir tu verdad y convertirte en la mejor versión de ti mismo.

Esta carta te recuerda que ere más sabio de lo que crees, y tu sabiduría interior te dará todas las respuestas que buscas. Abraza este conocimiento y confía en él. Si tienes dudas, pídele que te dé señales claras para validar tus ideas.

Uriel ayuda a iluminar situaciones nubladas. Sin embargo, solo ilumina un paso a la vez, por lo que es posible que no puedas discernir claramente el resultado final de tus acciones. Debes confiar porque sabrás qué paso dar a continuación, a lo largo del camino, con la ayuda de Uriel.

Nunca olvide que el perdón puede hacer milagros. Cuando liberas el pasado, te quitas un peso de encima y te invade una sensación de libertad. Pídele a Uriel que te ayude a aliviar la tristeza o el dolor causado por los demás para que puedas ser libre.

Géminis. Carta Angelical Rafael

Representa la fortaleza y el brillo personal.

Debes aprovechar tu personalidad para conseguir el éxito. El don más poderoso de Rafael es su capacidad de transformar vidas mediante una cascada de energía positiva. Puedes acceder a este canal de energético mediante afirmaciones o técnicas de meditación. A lo largo de la historia, Rafael ha tenido distintas apariciones en muchas religiones diferentes, lo cual lo convierte en un Arcángel accesible a personas de todas las creencias.

Ahora no es el momento de renunciar a las relaciones enfermas. Todavía hay esperanzas para el futuro.

Grandes cambios llegarán a tu vida. Es posible que te encuentres en una nueva trayectoria profesional, entrando en una nueva relación o mudándote a una nueva casa o ciudad. Abraza estos emocionantes eventos, Rafael estará a tu lado todo el camino.

Recuerda, el futuro siempre está cambiando. Si no te gusta el resultado, esta es tu oportunidad de hacer cambios que lo alteren. Si te gusta este resultado, mantente en tu camino actual. Para mantener tu camino actual, sigue haciendo lo que estás haciendo. Tómatelo con calma o cambiando la intensidad con la que estás trabajando en la actualidad.

Rafael te ayudará a reconocer las ramificaciones de tus acciones y tu propósito en la vida.

Cáncer. Carta Angelical Haniel

Representa todo lo bueno que nos ofrece la tierra. Una nueva etapa con éxito se presentará en tu vida.

Haniel puede estar pidiéndote que disminuyas la velocidad y pienses realmente en la acción que planeas tomar. Haniel está tratando de guiarte a una elección superior, así que deja a un lado todo lo que crees que sabes sobre tus circunstancias o situación actual y simplemente permite que el Universo y Haniel te señalen el camino.

Cuando sea necesario tomar una decisión importante, este Ángel te enviará muchas señales a través de la sincronicidad, en cuanto a cuál es el camino correcto que debes tomar.

Es importante que te tomes un tiempo para reagruparte, ya que este Ángel puede venir a darte la guía que necesitas en ese momento.

Esta carta ha aparecido para traerte mensajes de esperanza, así como para indicarte que es hora de que comiences a ser más consciente de todos los mensajes que el Universo y Haniel te están enviando.

Es posible que necesites algunas respuestas a algunas preguntas difíciles, o que te hayas estado preguntando si las cosas mejorarán alguna vez en tu vida. Haniel ha aparecido para decir que lo harán, sin embargo, piensa cuidadosamente en lo que les dices a los demás y en lo que ellos te dicen a ti. Haniel nunca te juzgará por nada de lo que pienses o digas, Sin embargo, te instará a enfocarte en aquellas cosas que te traen sensación de alegría, paz y gratitud.

Leo. Carta Angelical Gabriel

Gabriel te muestra la dualidad de los bueno y lo malo. Te augura viajes,
Es posible que comiences a tener algunos pensamientos en tu mente que te sorprenderán. Es importante que tengas en cuenta que cuanto más fuerte sea tu reacción emocional ante ellos, más debes prestarles atención Pide validación observa

para ver qué viene. Fíjate en lo que te dicen los demás que encaja con lo que has estado pensando. Cuando le pides a Gabriel que te confirme que lo que has estado pensando es cierto, siempre actúa con rapidez, por eso debes prestar atención.

Es posible que te sientas inclinado a dedicar tiempo a la meditación o a leer libros de autoayuda. Gabriel te está animando a que lo hagas, porque sabe lo importante que es llenar tu mente con pensamientos positivos.

Gabriel te permite comprender que al hacer cambios en tu vida y enfrentar desafíos, estas en completa seguridad. Él sabe lo que será mejor para ti. Recuerda que cuando se te pide que esperes, significa que tienes algo mejor de lo que podrías imaginar, preparado solo para ti. Es por eso por lo que tienes que aceptar la situación.

No te apresures cuando veas algo que pueda romper tu voluntad. La siguiente puerta se abrirá cuando llegue el momento y tendrás nuevas fuerzas.

Virgo. Carta Angelical Remiel

Remiel representa la misericordia de Dios mostrando que algo te ha sido ocultado. Durante este año 2024 es realmente importante dedicarte a la adquisición de nuevos conocimientos, ideas y habilidades. Quizás, querrás comenzar a aprender y esta carta te alienta a seguir este deseo.

Si actualmente estas estudiando, Remiel te pide que continúes con tu educación. A veces, en el proceso de adquirir nuevos conocimientos y habilidades, tenemos un deseo de comprobarlos rápidamente en la práctica, y esto conlleva al hecho de que muchas personas abandonan los estudios antes de tiempo.

Esta carta, te aconseja que no apresures las cosas. Continúa tu educación. El crecimiento personal que acompaña el aprendizaje te puede traer alegría.

Remiel sabe que tienes muchas responsabilidades en la vida, por lo cual necesitas tiempo, dinero, y otros recursos. Esta carta quiere recordarte que las dosis regulares de entretenimiento pueden ayudarte a lograr tus metas. Diviértete y ríete, relájate. En este estado, te conviertes más receptivo a nuevas ideas, vínculos espirituales, enseñanzas y energía divina.

Además, tu alegría atrae hacia ti muchas personas maravillosas que pueden ayudarte. Tu actitud positiva hacia el mundo te abre nuevas oportunidades.

Libra. Carta Angelical San Miguel

El Arcángel Miguel representa la justicia, y las fuerzas del bien prevaleciendo sobre el mal.

No tienes que perdonar los errores, pero si perdonas una persona, encontrarás paz. Tienes muchas emociones negativas y Miguel te llama para limpiar tu alma, él comprende que estos sentimientos pueden ser completamente justificados, pero te pide que veas el precio tan alto que estas pagando por acumular toda esta ira.

Deshazte de todo el dolor y la ira del pasado. Cuando te perdonas a ti mismo y a los demás, tu karma es limpiado de la carga de los errores del pasado.

Todo el poder del creador está dentro de ti. Todo el poder del amor divino y la sabiduría está a tu disposición. Tienes la capacidad de ver los ángeles y el futuro, y también tienes la inteligencia de conocer la sabiduría universal de la mente divina.

Gracias a tu poder emocional, podrás enfrentarte a otras personas y tu poder psíquico será realmente infinito durante el 2024. Los ángeles te piden que elimines todo los miedos asociados a el uso de la fuerza. Ellos ven tu verdadero poder irradiado por el Amor Divino. Permítete brillar con este amor para que tu verdadero poder pueda lograr los milagros que necesitas.

Algunas veces puedes pensar que eres un rehén de las circunstancias de la vida, pero esta carta te pide que entiendas que eres tu propio prisionero. Una vez que sepas que puedes liberarte, lo serás de inmediato.

Todo lo que haces en tu vida, lo haces por tu elección. Incluso los prisioneros son libres de elegir sus pensamientos, y, por lo tanto, pueden encontrar paz y felicidad bajo cualquier circunstancia. La próxima vez que comiences una frase con las palabras "estoy forzado…", detente. Pídele a Miguel que te muestre alternativas. Él te ayudará.

Escorpión. Carta Angelical Raziel

Es el Ángel de los secretos y los misterios. Te revelará en el 2024 misterios del ámbito terrenal y espiritual.

Un periodo de crecimiento espiritual comienza en tu vida en este año, y aunque experimentarás sentimientos encontrados de confusión, miedo, y sorpresas no debes perder la calma. Descarta los miedos. Raziel te apoya, te ama y te guía cada segundo. No te preocupes de como tu futuro armonizará con tu crecimiento.

Obtendrás mensajes importantes en tus sueños. Existe un tiempo de cambios maravillosos en tu vida, así que confía en Raziel, él se encargará de lo que quieres exactamente.

Los cambios en tu vida pueden ser dolorosos, si no muestras flexibilidad en tus pensamientos. Si tienes un nuevo amor, recuerda que el pasado permanece en el pasado, alejado de la nueva felicidad.

Necesitas expandir tus horizontes, y Raziel está aquí para ayudarte. Es hora de escuchar a tu corazón. Sé consciente de la importancia del tacto y no seas demasiado obstinado. Confía en ti mismo. No te preocupes. Sea cual sea el reto al que te enfrentes, estás en camino a la serenidad.

Necesitas consuelo y este ángel te da fe. Pronto podrás estar en el camino hacia la felicidad y la armonía que necesitas. Haz buenas obras, eso te ayudará a sentirte mejor y recibirás cosas buenas a cambio.

Sagitario. Carta Angelical Metatron

Representa la grandeza y la fuerza que una persona debe tener. Al invitar a Metatrón a tu vida, te abres para recibir la sanación espiritual y energética, para limpiarte de toda negatividad. Obtienes protección contra las enfermedades y, por supuesto, te acercas a la transformación.

Necesitas honrar todas las emociones que estás sintiendo en este momento, ya sean buenas o malas. Las emociones pueden enseñarnos mucho sobre nuestros verdaderos sentimientos y las personas o situaciones que los han evocado.

Es posible que estés recibiendo reacciones de otras personas y este es el espejo para que veas lo que hay dentro.

Metatron te protege cortando las cuerdas que te atan a las personas, a los lugares y a las cosas. Si tienes miedo, te falta coraje o necesitas protección, imagina su manto protector a tu alrededor, ayudándote a vivir tu verdad. Esta es una tarjeta especial. Eres guiado y sostenido. Metatron está contigo en este momento, y hay un mensaje especial que quiere compartir contigo. Cierra los ojos, respira hondo unas cuantas veces, profundiza en tu interior y relájate. Escucha los consejos que recibas.

Eres perfecto, y eso es un hecho espiritual. Metatron te abraza suavemente y te hace saber que eres el ser espiritual perfecto. No estás solo, no importa cómo te sientas. Pon todas tus preocupaciones en sus manos y permite que él sane tus problemas a través de la guía divina.

Tu vida tiene sentido, y cada paso es una parte esencial de tu viaje, pero ten la seguridad de que estás protegido en todo momento y que todos los ángeles te miran con gran amor. Confía.

Es el Ángel que da consejos a los hombres para orientarlos en su camino en la vida.

Tu alma gemela llegará a tu vida. Si estás libre, considera la carta como una señal de Raguel de que tu alma gemela está presente.

Supongamos que actualmente estás en una relación y sabes que no es tu alma gemela. En ese caso, tu pareja y tú pareja serán guiados suavemente para mejorar la relación, o a un final elegante, para obtener una nueva relación con tu alma gemela.

Enfocarte mejor en los deseos de tu corazón y un mejor contacto con tu ser superior te ayudará a completar todo el trabajo molesto y los asuntos que te has pospuesto. Tal vez tengas una lista de metas para este año 2024 debes despejar tu mente y enfocar mejor tus pensamientos en lo que realmente quieres y así podrás lograr tus deseos.

Visualizar tus deseos es la forma más rápida de abrir las puertas al universo y su oferta para cumplirlos. No te preocupes por cómo te llegarán tus deseos. Déjalo en manos del universo.

Escucha a tu ser superior y pídeles a los ángeles que te guíen. Comienza a actuar tan pronto como te sientas animado. A veces los resultados pueden no ser los que esperabas, pero esa es la belleza de la vida y del universo. Eres guiado hacia lo que realmente necesitas.

Acuario. Carta Angelical Amiel

Anuncia cambios a los que deberás adaptarte y terrenos inexplorados que visitarás.

Permítete pasar tiempo de calidad con tu familia y amigos. Puedes sacar mucha fuerza de aquellos que te aman. Si tiene algún problema con un familiar o amigo, Amiel te anima a que lo saque a la superficie.

Liberar y sanar te hará libre, lo que creará oportunidades más favorables para ti. O tal vez un simple acto de pasar tiempo de calidad con tus seres queridos dará resultados positivos.

A medida que avanzas espiritualmente, te volverás más sensible a las vibraciones densas y negativas de la realidad junto con las dimensiones superiores del amor. Esta carta es un estímulo para limpiar tu espacio energético.

Este año respira relajadamente e imagina que estás rodeado por una orbe de luz blanca. Amiel te brinda bendiciones.

Sus oraciones serán escuchadas y contestadas. El amor, las finanzas, la amistad y la familia serán determinados por tu actitud. Pídele a Amiel que te ayude a tratarte con el respeto que tanto mereces. Cuando estás en ese estado de autoestima, estás lleno de energía positiva que se desborda con las personas que te rodean. Eso hace que puedas atraer relaciones positivas y amorosas satisfactorias.

Piscis. Carta Angelical Dobiel

Mensajero de los secretos divinos.

Ya sean ángeles, familiares, vecinos o amigos, recibirás ayuda. Al pedir ayuda, estás permitiendo que el universo actúe en tu nombre. Cree que serás conducido a la persona o situación adecuada que puede ayudarte en cualquier asunto.

No somos islas para nosotros mismos, y no estamos obligados a resolver todos los problemas de forma independiente. A los ángeles les encanta compartir, y un problema compartido es la mitad del problema. Nunca tengas miedo de pedir ayuda. Los milagros existen y tú tienes derecho a ellos.

Debes animarte a mantenerte positivo y concentrarte solo en lo que quieres. Pensar en lo que no quieres solo mantiene los resultados negativos. Incluso una pequeña cantidad de enfoque en pensamientos positivos puede cambiar tu vida para mejor.

Si sientes que te falta un enfoque positivo, pídele ayuda al universo y, lo más importante, cree que realmente te ayudará.

Incluso este pequeño acto por sí solo ayudará a marcar una diferencia notable en tu vida.

Tienes las habilidades, la confianza y los conocimientos para tener un negocio exitoso. ¿qué esperas? Con esta carta, Dobiel quiere decirte que tienes el talento para triunfar en tu propio negocio. Si pensabas que te volverías independiente y comenzarías a trabajar por tu cuenta este año 2024, esta carta es una buena señal de que tu intuición es correcta.

A veces es difícil dar el primer paso, ten la seguridad de que Dobiel te está guiando en este asunto y confía en él.

Significado del 2024

2024 es el número perfecto para crear. De hecho, su vibración, está conectada a un amplio terreno de posibilidades infinitas.

Esta vibración puede adoptar diferentes formas. Puede tratarse de darle forma a tu futuro, o de pintar en tu mente la imagen de cómo será tu vida cuando tus deseos más profundos se conviertan realidad. Esto te dará la motivación que necesitas para seguir adelante en tu vida.

El 2024 es un año poderoso porque tus sentidos psíquicos se amplificarán. Si tienes deseos de tener más intuición o abrir tu percepción, este es el año perfecto para hacerlo. Este es el momento perfecto para crear en el sentido literal de la palabra. De hecho, es un número angelical muy creativo.

Colores Angelicales para Sanación Física y Espiritual durante el Año 2024

Los colores que nos rodean, y los que elegimos para decorar nuestras vidas tienen significado, y vibraciones específicas que nos influyen de diferentes formas.

Todos los colores influyen en nuestros estados de ánimo, y sentimientos. Por eso los colores se han utilizado para el tratamiento de enfermedades, para la protección, para atraer a un alma gemela, y para elevar el espíritu.

El efecto de los colores en la mente humana, y la capacidad de utilizarlos para expresar emociones y situaciones ha sido utilizado desde la prehistoria. Por esa razón la importancia de los colores es fundamental para la continuación de nuestra especie y la supervivencia.

El significado de los colores puede expresarse a nivel emocional y espiritual. A nivel emocional sentimos la influencia del color en el sistema nervioso. Diferentes colores evocan diferentes sentimientos. Los colores pueden inducir a la acción, calma, ansiedad o la tranquilidad, por eso nuestros estados de ánimo son influenciados por los colores que escogemos para nuestra ropa y nuestro entorno.

Aries. Verde Color 2024

El color verde es un color utilizado para la curación, ya que genera bienestar. Está considerado como el color óptimo para la curación, estimula el crecimiento, la fuerza vital, equilibra el cuerpo y la mente, y fortalece. El verde es rejuvenecedor y antiinflamatorio. Ayuda a la memoria, alivia la paranoia y el agotamiento nervioso.

El color verde tiene un efecto paliativo sobre el sistema nervioso, calma las irritaciones y alivia los dolores. Físicamente, está vinculado a los músculos, huesos, y los pulmones. Es bueno para tratar problemas conectados al corazón y el sistema circulatorio. Equilibra la presión arterial.

El color verde es curativo para los sentimientos de remordimiento, y para superar cualquier emoción limitante. La energía verde es curativa para la inseguridad y los sentimientos de insuficiencia.

El color verde ayuda a superar los obstáculos y a cambiar de dirección, estimula la glándula pituitaria y es efectivo para aliviar los desequilibrios emocionales. Se puede utilizar para contrarrestar los ataques de pánico y las adicciones.

Tauro. Marrón Color 2024

El marrón ayuda a controlar la hiperactividad, la hipertensión, y la ansiedad, ya que es restaurador. El color marrón también puede ayudar a aliviar situaciones dolorosas, físicas y emocionales, ya que posee un efecto estabilizador y suministra una sensación de sanidad. Facilita la conexión con la Tierra y da un sentido de orden.

El marrón ayuda con la estabilidad de todos los sistemas corporales, y el sistema inmunológico

Géminis. Amarillo Color 2024

El color amarillo se utiliza para disminuir la depresión, ya que despierta sentimientos de alegría y felicidad.

El amarillo estimula la mente y el sistema nervioso, activa la memoria y la comunicación. Se relaciona al hígado, el estómago, las tiroides, los tubos, los intestinos grueso y delgado.

El amarillo se utiliza para controlar las glándulas suprarrenales, la vesícula biliar, el hígado, y el estómago.

El amarillo se puede utilizar para tratar problemas psicológicos como la depresión, y melancolía Este color ayuda a una memoria débil y puede ser utilizado para tratar el agotamiento psíquico. Tiene la capacidad de trabajar sobre el miedo y gradualmente liberar la tensión. Este color se relaciona con la, la autoestima, el ego, el coraje y la confianza en uno mismo.

Cáncer Rojo Color 2024

El color rojo se utiliza para tratar condiciones de paralización y para estimular la energía vital. Es revitalizante y ayuda a superar la depresión y melancolía. Es una ayuda para aquellos que tienen miedo de la vida.

Este color se relaciona con las glándulas suprarrenales y los sentidos del oído, olfato, el gusto, la vista y el tacto. El color rojo está vinculado al sistema circulatorio, el corazón, los órganos sexuales, y la vejiga. El rojo hace que la hemoglobina aumente, y eleva la temperatura corporal.

Este color es beneficioso para los estados de debilidad, para tratar artritis, dolores musculares y enfermedades bacterianas, también estimula el metabolismo.

Si eres alguien que tiene tendencia a vivir en el pasado, el rojo te ayuda a arraigarte en el momento.

Leo. Rosa Color 2024

El color rosa tiene propiedades curativas beneficiosas, pero además es el color del amor incondicional.

Este color tiene la capacidad de aumentar la presión arterial, los latidos del corazón y el pulso, también estimula y la confianza.

Ayuda a restaurar la juventud, se utiliza para tratar condiciones relacionadas con la falta de amor propio, sentimientos de soledad y sirve para aliviar los celos. Puede también ser utilizado para calmar los problemas emocionales y mentales, es muy relajante y promueve sentimientos de satisfacción.

Virgo. Gris Color 2024 sabiduría.

El color gris es excelente para la limpieza mental, y física. El gris extrae la energía negativa del cuerpo y la reemplaza con energías positivas.

Es el color del intelecto, y de la sabiduría interior. anima y aumenta la paciencia y perseverancia. El color gris se percibe como un color clásico y elegante. Es el color de la dignidad, y la autoridad.

Libra. Azul Color 2024

El color azul simboliza la calma y paz mental. Es un color que eleva la conciencia y la conexión con los reinos angelicales.

Este color reduce la presión arterial, calma el sistema nervioso y es antiinflamatorio. Aporta tranquilidad, y paz mental y reduce el dolor.

Es regulador del sueño, relajante y refrescante y aporta claridad mental. El azul representa la inspiración y la expansión espiritual.

Escorpión Dorado Color 2024

El dorado es un color curativo y transformador.

En terapia del color se utiliza para superar las adicciones, y es antidepresiva, ya que es inspirador.

El dorado se relaciona con la confianza y la autoestima, creatividad, abundancia, y prosperidad.

Sagitario. Naranja Color 2024
coraje y vitalidad

Las energías curativas del color naranja estimulan el conocimiento interno. En terapia el color naranja se utiliza para revitalizar las energías. Es utilizado para las dolencias emocionales y para ayudar a los estados depresivos ya que despierta alegría, e interés por la vida. Tiene la capacidad de disipar la falta de confianza y tiene un efecto antiespasmódico en el cuerpo humano.

Se utiliza para tratar el asma, bronquitis y otros problemas respiratorios. También ayuda a mantener una buena visión y fortalece el sistema inmunológico.

El color naranja fortalece el cuerpo etérico y favorece la salud de forma general.

Capricornio. Magenta Color 2024

El magenta es un color que se relaciona con las habilidades curativas. En terapia es el color de la curación, y se utiliza para tratar problemas relacionados con el cerebro, y para calmar los sentimientos de frustración.

Este color puede ser utilizado para negociar la calma y la paz entre aquellos que están en desacuerdo.

El color magenta se relaciona con pasiones fuertes pero controladas, es un color que anima a ser audaz.

Este color representa la compasión y la bondad, y es el color del equilibrio emocional y la armonía universal.

Es el color del cambio y la transformación, y te ayuda a liberar viejos patrones de comportamiento que impiden tu desarrollo personal y espiritual, nos anima a asumir la responsabilidad de crear nuestras propias realidades.

Acuario. Blanco Color 2024

El color blanco nos sintoniza con una frecuencia espiritual elevada y al amor divino. Ayuda a la claridad mental y nos anima a eliminar los obstáculos.

Tiene propiedades de limpieza, ayuda a pensar con claridad y a revelar las verdades. Es un color curativo y tiene el poder de la transformación.

En terapia, el color blanco se utiliza para estimular la conciencia y en la curación de dolencias mediante el equilibrio de todos los sistemas espirituales.

Las vibraciones del color blanco son las más rápidas del espectro, y abarcan todos los colores. Es considerado el color de la verdad, la pureza, neutralidad, paz y armonía.

Piscis. Plateado Color 2024

El plateado es un color curativo que promueve el crecimiento espiritual. Extrae las energías negativas del cuerpo y las reemplaza por positivas. Está relacionado el renacimiento y la reencarnación, y la curación de los desequilibrios hormonales. Es un color excelente para la limpieza emocional, mental, ya que trabaja en las emociones.

En terapia el color plateado se utiliza para los desequilibrios hormonales, y las enfermedades ginecológicas.

El color plateado simboliza las energías protectoras, representa lo místico y misterioso. El color plateado ayuda a eliminar y neutralizar las energías oscuras.

Colores de los Arcángeles y Maestros ascendidos

Rojo: es el primer Rayo y se relaciona con el Arcángel Miguel, y el Maestro Ascendido El Moria.

Amarillo: es el segundo Rayo y se relaciona con el Arcángel Jofiel y el Señor Kuthumi.

Rosa: es el tercer Rayo y se relaciona con el Arcángel Chamuel y el Maestro Ascendido Serapis Bey.

Verde: es el cuarto Rayo y se relaciona con el Arcángel Gabriel y Pablo el Veneciano.

Naranja: es el quinto Rayo y se relaciona con el Arcángel Rafael y el Maestro Hilario.

Índigo: es el sexto Rayo y se relaciona con el Arcángel Uriel y Jesucristo.

Violeta: es el séptimo Rayo y se relaciona con el Arcángel Zadkiel y Saint-Germain.

Blanco: se relaciona con todos los Rayos y con el Arcángel Gabriel y Pablo el Veneciano.

Predicciones Angelicales por Signos 2024

Predicciones para Aries

Este año 2024 indica que el amor, una nueva comprensión y pasión te aguarda. Una riqueza inesperada puede llegar a ti, brindándote seguridad en tu vida financiera. Pero recuerda, que debes abrazar la incertidumbre y estar abierto a cambios inesperados en tu vida. Tendrás logros y reconocimientos en tu vida profesional.

Un futuro brillante te espera. Es aconsejable que mires dentro de ti mismo y aproveches las cualidades que has tenido desde la infancia, recuerda que madurar no significa abandonar tu esencia más pura, sino permitirle crecer contigo. Tendrás la posibilidad de encontrar un trabajo que se conecta mejor con tus intereses, y estimulará tu vida en muchos aspectos, además del económico.

Predicciones para Tauro

Este año 2024 también tendrás suerte en el ámbito material, pero tendrás que hacer el esfuerzos para alcanzar todo aquello que has deseado.

Recibirás mucho bienestar económico y alegría interior. Debes estar preparado para recibir la protección en el ámbito económico, la prosperidad se presentará en tu vida de modo tal, que desaparecerán los inconvenientes materiales. Comenzarás una nueva vida y podrás alcanzar también abundancia espiritual. Algunas dificultades se pueden presentar para solucionar los problemas, por eso debes tener seguridad y confianza en ti mismo porque todo será una prueba que podrás rebasar. Tu ángel recomienda mantenerte alejado de situaciones conflictivas y tratar de neutralizar cualquier crítica proveniente de colegas de trabajo.

Mantén la disciplina, sin dejar de lado la búsqueda de un trabajo que te otorgue mejores condiciones y un ambiente más saludable. Finalizarás el año con varias propuestas sobre la mesa, recuerda pedir iluminación divina para tomar las mejore decisiones.

Predicciones para Géminis

Este año te llega el amor y la seguridad. Tendrás una pareja con estabilidad y cargada de felicidad.

Amor y alegría. La luz del amor ha de llegar a tu vida, solo debes tener paciencia. Disfruta de la estabilidad y la felicidad que está en camino y que debes recibir con los brazos abiertos. Deja atrás los sentimientos de soledad y recibe el amor puro que está reservado para ti. Tus sueños están a punto de convertirse en realidad. Tus deseos pueden no ser cumplidos exactamente como querías, pero finalmente la recompensa será exactamente lo que esperabas.

Tu ángel previene sobre situaciones que pueden llegar a amplificarse si no les prestas la atención necesaria. Cuídate especialmente de problemas o molestias abdominales, pues podrían comprometer incluso órganos reproductores. La atención a tiempo hará que conserves tu buena salud.

Después de un período en donde tu economía se tambaleó al vaivén de las olas, este año la estabilidad regresará a tu vida.

Predicciones para Cáncer

¿Tú te acuerdas de que mágico parecía ser el mundo a tu alrededor en tu infancia? Los Ángeles te piden restaurar este sentimiento mágico por ti mismo al recordar los poderes maravillosos te rodean. Los Ángeles realmente quieren apoyarte, ayudarte a desechar la ansiedad innecesaria para irradiar alegría y espontaneidad como un niño.

Protegerás tu libertad sobre cualquier otro valor, a pesar de las críticas ajenas o las posibles discusiones que se puedan generar al respecto.

Es muy posible que comiences a sentir mayor comodidad estando solo que en compañías que no te permiten crecer. Los viajes y las largas conversaciones con amigos podrán darte luces para cambiar de pareja o replantear los términos de la relación.

Será un año de prueba, pues solo se quedarán aquellas personas que entiendan la vida de forma libre, mientras que aquellas que no lo hagan de seguro tomarán rumbos distintos.

Predicciones para Leo

No estás solo, los Ángeles guardianes quieren decirte que nunca te dejarán. Nada de lo que pensabas, dijiste o hiciste, puede repeler a tus asistentes divinos.

Mantén la calma frente a las situaciones de tu vida diaria, pues este año podrías seguir presentando insomnio. No intentes abracar más de lo que tus fuerzas resisten y serás testigo de cambios positivo en tu salud física y mental.

Tu economía tendrá grandes cambios durante este 2024. Debes tomar distancia de personas que, con su actitud, te quitan energía en lugar de dártela. No temas a la novedad, recuerda que tu ángel estará dispuesto a ayudarte a conseguir un nuevo empleo en forma óptima y acelerada.

Tu ángel recomienda concentrarte en tu trabajo y dejar de lado la competitividad propia de tu signo, pues todo ese caudal de energía dará como resultado obras maestras siempre y cuando te concentres.

Tu brillo personal será inocultable, las posibilidades sentimentales se multiplicarán, es por eso por lo que tus ángeles recomiendan mantener la prudencia y evitar las tentaciones para enfocar tu energía de forma correcta.

Predicciones para Virgo

Este año debes elegir una profesión que te guste. Los Ángeles te ayudan a encontrar estos talentos en ti.

Prepárate para eventos inexplicables y aprovecha al máximo cada oportunidad. Los Ángeles sabios te ofrecen deshacerte del hábito que no te permite avanzar. Has una variedad de cosas y observa tu vida con interés. Si el camino a seguir es complicado, actua como si estas explorando un lugar desconocido. Los Ángeles te inspiran, avanza con expectativa y esperanza.

Tendrás la posibilidad de crear tu destino sentimental, dejando las dudas de lado y arriesgándote un poco más.

Mantén las precauciones necesarias ya que un estímulo o premio hará que muchas personas envidien tus triunfos. Tu ángel recomienda reforzar tu autoestima y reconocer que eres un ser lleno de dones y mereces lo mejor que el universo puede darte.

Si tienes una pareja estable el final de año será un momento muy propicio para avanzar en compromisos que tiendan a la unión entre grupos familiares y reorganización. Las grandes inversiones apoyadas por tu pareja tendrán resultados exitosos.

Predicciones para Libra

Es muy importante para ti este año 2024. Tienes que meditar más a menudo. Para hacer esto, cuando despiertes en la mañana, quédate en la cama los primeros cinco minutos con tus ojos cerrados y respira profundamente. Habla con los y luego escucha cuidadosamente, que mensaje será enviado a ti.

Los Ángeles te dicen que te mantengas alejado de todas las actividades que no reflejen tus intenciones.

Todos los asuntos relacionado con tu trabajo, las relaciones, la salud, serán resueltos sorpresivamente y con éxito. Los Ángeles te conducirán constantemente a acciones que conducen correcciones de cualquier situación negativa.

Tu ángel te mostrará el camino hacia la reconciliación con aquellos seres que dejaste de lado, y te recordará que es una mala idea separarte de quienes te han demostrado fidelidad constante.

Pueden presentarse algunas alergias y problemas con la garganta.

Tu ángel activará tu vida social hasta límites insospechados. Mantén un ritmo relajado y evita los ejercicios muy exigentes.

Predicciones para Escorpión

Este año 2024 debes confiar en tu intuición. Esto es lo que los Ángeles te dicen. Los sentimientos intuitivos que sientes, las visiones, la voz interior, todo son intentos de decirte algo importante, así que tienes que confiar y seguir estas pautas.

Recuerda que cuando se te pide que esperes, significa que tienes algo mejor de lo que podrías imaginar, preparado solo para ti. Es por eso por lo que tienes que cambiar tu actitud y aceptar la situación. Relájate.

Pídele a tu Ángel que te apoye a lo largo de este año para que puedas escuchar los consejos divinos. No te apresures cuando veas algo que pueda romper tu voluntad. La siguiente puerta se abrirá cuando llegue el momento y obtendrás nuevas fuerzas.

Los Ángeles te ayudarán a satisfacer tus necesidades románticas. Pídeles ayuda y acéptala. Los Ángeles te ayudarán a buscar el amor de tu vida, ellos te guiarán, diciéndote el camino para cumplir tus deseos. Por ejemplo, puedes sentir un fuerte deseo de ir a un lugar específico. Allí conocerás a una persona con quien te conectarás en una aventura amorosa.

Los Ángeles también quieren que mejores tu educación.

Predicciones para Sagitario

Un nuevo capítulo comienza en tu vida. tendrás a un nuevo compañero o una relación antigua será restaurada. Abre tu corazón a ese nuevo sentimiento de amor que vendrá a ti.

Observa de cerca a las personas que conoces en tu camino, debes estar abierto al cambio en las relaciones existentes y no te apegarte demasiado a tus viejas ideas sobre ellas. Existe un tiempo de cambios maravillosos en tu vida, así que confía en los Ángeles.

Algunos cambios en tu vida pueden ser dolorosos, si no muestras suficiente flexibilidad en tus pensamientos y acciones. Si tienes un nuevo amor, recuerda que el pasado debe permanecer en el pasado, alejado de la nueva felicidad.

Tu relación actual puede terminar, o, por el contrario, moverse a una nueva fase de un amor renovado, los Ángeles te piden que confíes en ellos y sigas sus instrucciones.

Si ya tienes una relación cercana con una persona, los Ángeles te piden que le des una oportunidad y decidas que hacer con ella, intenta desarrollar un siguiente nivel o terminar con para darle paso a un nuevo amor. ¡En ambos casos los Ángeles estarán contigo, ayudándote a elegir el camino correcto!

Predicciones para Capricornio

Es tiempo de educarte. Los Ángeles te aconsejan que no ahorres fuerzas o tiempo para esta actividad, sino que leas, escuches y te desarrolles.

Durante este año es realmente importante dedicarte a la adquisición de nuevos conocimientos, ideas y habilidades. Quizás, querrás comenzar a aprender y si actualmente estas estudiando, los Ángeles te piden que continúes con tu educación.

A veces, en el proceso de adquirir nuevos conocimientos y habilidades, tenemos un deseo de comprobarlos rápidamente en la práctica, y esto conlleva al hecho de que mucha gente abandona los estudios antes de tiempo, los Ángeles te aconsejan que no apresures las cosas. Continúa tu educación.

El crecimiento personal que acompaña el aprendizaje puede traerte alegría, si recuerdas la necesidad en tus pensamientos de permanecer aquí y ahora.

Pídeles a tus ángeles que te ayuden a deshacerte del miedo a la pobreza, para que puedas disfrutar plenamente del crecimiento de la abundancia. Los Ángeles reportan la afluencia de la abundancia en tu vida. en tu vida. Continúa creyendo, esto te proporcionara un constante apoyo material, emocional, espiritual e intelectual.

Predicciones para Acuario

Este año relájate, concédele a los Ángeles una oportunidad para ayudarte. Cualquier cosa que abandones será reemplazada por algo mejor.

Te estas comportando obstinadamente eso no te trae nada bueno y no permite que la felicidad y la salud entren en tu vida.

Si eres infeliz en el amor, si no estás avanzando en tu carrera, tienes problemas familiares o financieros, así también como enfermedades, deja a los Ángeles ajustar la situación.

Si te empeñas tercamente en aspectos infértiles en tu vida, y temes que las cosas empeorarán, realmente lo harán. Sin embargo, si estás dispuesto a liberarte de la situación que te oprime, la situación actual mejorará en una manera maravillosa.

Los Ángeles te piden que no trates de controlar el resultado de tu actual situación negativa. Déjala ir.

Los Ángeles confirman que, a través de tus propios sentimientos, sueños, visiones, e intuición, realmente los escuchas y estas no son alucinaciones. Si de repente tiene el deseo de llama a alguien, ir a algún lugar, leer algo, es importante que sigas estos impulsos internos, los Ángeles te piden que abandones todas las dudas sobre la guía divina.

Predicciones para Piscis

Los Ángeles saben tus decepciones pasadas que han socavado tu fe en ti mismo, en los demás e incluso en los Ángeles, sin embargo, te recuerdan de la importancia de preservar tu fe.

Los Ángeles saben que tú, como todos, has cometido errores en el pasado. Estos errores, sin embargo, no cambian tu verdadera naturaleza. Dentro de ti, hay parte de la naturaleza divina, que es infalible. Los Ángeles te piden creer en ti mismo. Intenta asegurarte que tus pensamientos y sentimientos reflejen tus intenciones verdaderas.

Los Ángeles te piden que elijas cuidadosamente tus metas y las cumplas con amor. Visualízate en otras personas felices, exitosas y tranquilas. Al apegarte a intenciones altamente espirituales, te ayudas a ti *mismo y a otros. Los Ángeles te piden reemplazar los hábitos de pensamientos negativos con positivos para eso, solo tienes que pedirles ayuda.*

Acerca de los Autoras

Además de sus conocimientos astrológicos, Alina A. Rubi tiene una educación profesional abundante; posee certificaciones en Sicología, Hipnosis, Reiki, Sanación Bioenergética con Cristales, Sanación Angelical, Interpretación de Sueños y es Instructora Espiritual. Rubi posee conocimientos de Gemología, los cuales utiliza para programar las piedras o minerales y convertirlos en poderosos Amuletos o Talismanes de protección.

Rubi posee un carácter práctico y orientado a los resultados, lo cual le ha permitido tener una visión especial e integradora de varios mundos, facilitándole las soluciones a problemas específicos. Alina escribe los Horóscopos Mensuales para la página de internet de la American Asociation of Astrologers, Ud. puede leerlos en el sitio www.astrologers.com. En este momento escribe semanalmente una columna en el diario El Nuevo Herald sobre temas espirituales, publicada todos los lunes en forma digital e impresa. También tiene un programa y el Horóscopo semanal en el canal de YouTube de este periódico. Su Anuario Astrológico se publica todos los años en el periódico "Diario las Américas", bajo la columna Rubi Astrologa.

Rubi ha escrito varios artículos sobre astrología para la publicación mensual "Today's Astrologer", ha impartido clases de Astrología, Tarot, Lectura de las manos, Sanación con Cristales, y Esoterismo. Tiene videos semanales sobre temas esotéricos en su canal de YouTube: Rubi Astrologa. Tuvo su propio programa de Astrología trasmitido diariamente a través de Flamingo T.V., ha sido entrevistada por varios programas de T.V. y radio, y todos los años se publica su "Anuario Astrológico" con el horóscopo signo por signo, y otros temas místicos interesantes.

Es la autora de los libros "Arroz y Frijoles para el Alma" Parte I, II, y III, una compilación de artículos esotéricos, publicada en los idiomas inglés, español, francés, italiano y portugués. "Dinero para Todos los Bolsillos", "Amor para todos los Corazones", "Salud para Todos los Cuerpos, Anuario Astrológico 2021, Horóscopo 2022, Rituales y Hechizos para el Éxito en el 2022, y 2023. Hechizos y Secretos, Clases de Astrología, Rituales y Amuletos 2024 y Horóscopo Chino 2024 todos disponibles en cinco idiomas: inglés, italiano, francés, japonés y alemán.

Rubi habla inglés y español perfectamente, combina todos sus talentos y conocimientos en sus lecturas. Actualmente reside en Miami, Florida.

Para más información pueden **visitar el website** www.esoterismomagia.com

Alina A. Rubi es la hija de Alina Rubi. Actualmente estudia psicología en la Universidad Internacional de la Florida.

Desde niña se interesó en todos los temas metafísicos, esotéricos, y práctica la astrología, y Kabbalah desde los cuatro años. Posee conocimientos del Tarot, Reiki y Gemología. No solo es autora, sino editora juntamente con su hermana Angeline A. Rubi, de todos los libros publicados por ella y su mamá.

Para más información pueden contactarlas por email: **rubiediciones29@gmail.com**